LES SUSPECTS,

COMÉDIE EN UN ACTE,

MÊLÉE D'ARIETTES;

PAROLES DES CITOYENS PICARD ET DUVAL,

MUSIQUE DU CITOYEN LENIERRE.

Représentée sur le théâtre de Louvois.

193

A PARIS,

Chez BARBA, Libraire, au magasin des Pièces de Théâtre, rue des Arts, n°. 27.

SIXIÈME ANNÉE DE LA RÉPUBLIQUE.

1797.

PERSONNAGES.

DAMIS.
LEROUX, *Maire.*
DELORME, } *Officiers municipaux.*
LAVIGNE,
GILLIN.
NICOLAS.
La mère GILLIN.
La mère DELORME.
La mère LEROUX.
BABET.
COURANTIN, *Agent du comité de Salut-Public.*

LES SUSPECTS,

COMÉDIE EN UN ACTE, MÊLÉE D'ARIETTES.

SCÈNE PREMIÈRE.

DAMIS *seul.*

Nous voilà au quinze Thermidor. Point de nouvelles de Paris. Que s'y passe-t-il ? Je suis dans une inquiétude ! Peut-être quelqu'heureuse révolution.... Non, je n'ose l'espérer : ils ont porté à un tel dégré la terreur et le crime, qu'ils ont forcé le plus courageux à se taire. Moi-même j'ai fui cette Cité malheureuse, qui ne voit peut-être encore que des bourreaux et des victimes. Depuis six mois, caché dans ce hameau, j'y respire un air pur, j'y suis libre, au milieu de l'esclavage général. Mes livres, la vue de la nature, ce hameau, ses habitans bien simples sans doute, bien honnêtes, me forme une aimable société. Je puis parler encore ici de vertu et d'humanité. Mais ce Franval qui ne m'écrit point ! il aura craint de se compromettre. Je suis presque proscrit dans ces jours d'orage ; un ami courageux est un vrai trésor, et les trésors sont si rares ! Chassons ces idées, relisons mes stances ; et, en dépit des tyrans, chantons encore la liberté.

ROMANCE.

Faut-il voir, ô ma patrie !
Gémir sous les plus vils tyrans.
Ils frappent, dans leur rage impie,
Et les vieillards et les enfans.
Ainsi, j'ai vu souvent la foudre
Remplir d'effroi tout le hameau.
Le même coup réduit en poudre
Le chêne antique et l'arbrisseau.

Mais prends courage, ô ma patrie !
Tes tyrans périront enfin,
A l'orage, dans la prairie,
Déjà succède un jour serein.

Mais hélas ! je cherche ta trace,
Arbre qui me servoit d'abri,
Et je viens pleurer sur la place,
Où croissoit l'arbrisseau chéri.

T.. eras libre, ô ma patrie !
Mais que d'enfans te sont ravis !
Dans ses forfaits, la tyrannie
Ne t'a laissé que des débris.
En un instant, comme l'orage,
Le monstre affreux vient d'expirer.
Mais il a fait un prompt ravage
C'est à nous de le réparer.

SCÈNE II.
DAMIS, NICOLAS.

NICOLAS.

Bien des pardons, citoyen, si je prenons la liberté de vous déranger dans vos belles pensées; mais c'est que ça presse, voyez-vous. Il s'agit d'un service que je voudrions vous prier de nous rendre.

DAMIS.

Un service, parle, vite, mon cher Nicolas.

NICOLAS.

M'y voilà. Vous savez, ou vous ne savez pas que j'aimons Babet, la fille au gros Gillin, ce riche fermier.

DAMIS.

Je la connois.

NICOLAS.

Un joli bijou, pas vrai. Si bien donc que ce gros Gillin est aussi fiar qu'il est riche. Il m'a refusé sa fille tout net, parce que j'avions manqué d'une voix d'être officier municipaux.

DAMIS.

Il a de l'ambition le citoyen Gillin; il ne veut donner sa fille qu'à une puissance.

NICOLAS.

C'est ça, et moi qui n'ai pas pu être nommé puissance. Et ça me fend le cœur, voyez-vous.

DAMIS.

Eh bien, que puis-je dans tout ceci?

NICOLAS.

Je voudrions, sauf votre bon plaisir, que vous employassissiez votre savoir en ma faveur, à celle fin qu'il me baillât ma Bbea en mariage, sans tant barguigner. Vous avez une fiare loquence, morgué je vous ons entendu réciter une motion, comme si vous la lisiez tout courant, et d'après ça......

DAMIS.

Mais que dire à ce père inflexible, pour le toucher en ta faveur?

NICOLAS.

Que je sis un bon garçon de farme, connu pour ça; que j'ons des talens : que j'ons été nommé caporal, que je battons fort joliment la caisse, et que tout ça vaut ben sa fortune, peut-être...

DAMIS.

C'est ce qu'il ne croit pas. N'importe, va, laisse-moi. Je ferai mon possible pour que tu sois heureux.

NICOLAS.

Ah! monsieur Damis, que de bénédiction! que de graces à vous rendre! aussi il n'y a qu'un cri dans toute la république, c'est que vous êtes le plus brave homme du village.

SCÈNE III.
DAMIS seul

Allons trouver le père Gillin ; tâchons de le décider en faveur de Nicolas. Mais que vois-je? tous les notables du pays assemblés, une affaire importante paroît les occuper. Voilà le maire, l'agent, les municipaux. Eh bien, ils sont soumis aux loix, ils les respectent, sans les entendre, et leur ignorance ne peut-être dangereuse ; ils sont trop éloignés des villes, ils n'ont point encore de comité révolutionnaire; ah mon dieu, il s'agit peut-être d'en former un.

SCÈNE IV.
DAMIS, LEROUX, DELORME, LAVIGNE,
et tous les hommes du village.

LEROUX.

Ah! parguenne, v'là le citoyen Damis, qui pourra nous tirer d'embarras. Mais avant de parler d'affaires, père Lavigne, va nous

chercher quelques fines bouteilles, et boutons nous là sous l'ormeau.
LAVIGNE.
C'est dit. (*Il sort.*)
DELORME.
Nous serons mieux là qu'à la Maison commune.
(*Lavigne rentre avec des bouteilles.*)
LEROUX.
On n'est qu'un sot dans sa maison ,
On a de l'esprit sous la treille ,
Nos aïeux l'ont dit : la raison
Se trouve au fond de la bouteille.
DAMIS.
Buvons avec eux sans façon,
Comme eux, je me plais sous la treille,
Faisons que pour eux la raison
Se trouve au fond de la bouteille.
TOUS.
On n'est qu'un sot dans sa maison,
On a de l'esprit sous la treille,
Nos aïeux l'ont dit : la raison
Se trouve au fond de la bouteille.

LEROUX.
La commune de Boulieu peut se vanter d'avoir de bonnes têtes dans sa municipalité, et qui n'épargneront rien pour le service de la république.
GILLIN.
Oh! oui, de bonnes têtes qui se creusent la cervelle pour savoir ce que veut dire un mot et qui n'en sont pas plus avancés.
LEROUX.
Compère Gillin, vous insultez la municipalité, je vous rappelle à l'ordre.
DAMIS.
Enfin, mes amis, de quoi s'agit-il?
LEROUX.
D'une fière affaire. Vous êtes un savant, vous avez toujours un livre dans les mains, et nous avons pensé que vous trouverez peut-être dans vos livres ce que nous cherchons. Tant y a que j'avons reçu du comité révolutionnaire d'une petite ville voisine.....
DAMIS, *à part.*
Ah! il y a du comité révolutionnaire.

COMÉDIE.

LEROUX.

Un ordre que voici : (*il lit.*) « Frères et amis, nous vous enjoignons de mettre les aristocrates au pas... » Au pas! je n'entendons pas trop bien ça d'abord.

GILLIN.

Eh pardine, c'est de les faire marcher du même pied que nous, quand je faisons l'exercice. C'est clair.

LAVIGNE, *gravement.*

Il a raison.

LEROUX.

» De mettre la terreur à l'ordre du jour, c'est-à-dire, de leur faire peur, ça s'entend.

DAMIS, *à part.*

Cela ne s'entend que trop bien par-tout.

LEROUX.

» Et de surveiller les suspects.

DAMIS, *à part.*

Ah! diable, ce mot-là est parvenu ici. Je suis perdu.

LEROUX.

Suspect, qu'est-ce que c'est qu'un suspect?

GILLIN.

Et il y a une heure que je me tue de vous dire que c'est un fonctionnaire public.

DAMIS.

Vous avez trouvé cela, père Gillin.

GILLIN.

A la preuve de ce que j'avançons, c'est que Gros-Pierre du village voisin m'a dit le samedi de la Décade; oh! ça va bien chez nous, il y a déjà quatre suspects. Ils en ont nommé quatre, parce que le village est fort.

LEROUX.

Cela ne laisse pas que d'être fort embarrassant.

GILLIN.

Parce que vous vous embarrassez de rien.

DELORME.

Citoyen maire, j'observe que le compère Gillin n'est pas dans les charges. Ainsi... d'ailleurs donc... je fais la motion que le compère Gillin soit réclus du lieu de nos séances.

LES SUSPECTS,
LAVIGNE.

Appuyé.

GILLIN.

Oui, eh bien, je m'en vas. Revenez me chercher quand vous aurez besoin de ma lumière; dites donc, citoyen Damis, des municipaux qui ne savent pas ce que c'est qu'un suspect!

(*Il sort, et tout le village sort avec lui, il ne reste que la municipalité.*)

LEROUX.

Votre avis à vous, citoyen Damis.

DAMIS.

Mes amis, un suspect... (*à part.*) Que vais-je faire, ô ciel! laissons-les dans l'erreur; en les éclairant, moi et d'autres pourrions être la victime de mon zèle.

LEROUX.

Eh bien?

DAMIS.

Eh bien, mes enfans, je suis de l'avis de Gillin.

TOUS.

Nous aussi.

LEROUX.

Je voyois bien à-peu-près que c'étoit un emploi.

DAMIS.

Oh! vous êtes fin.

LEROUX.

Et un bel emploi.

DAMIS.

Superbe.

LEROUX.

Comme celui de notable, n'est-il pas vrai?

DAMIS.

A quelque chose près.

DELORME.

Il faut arrêter combien nous nommerons de suspects. Deux suffiront, notre village est petit.

LEROUX.

Oui, mais il ne faut pas tarder à les choisir. Car voyez la loi, qui dit : Il faut surveiller les suspects, c'est-à-dire, il faut veiller pour nommer les suspects.

TOUS.

Père Leroux a raison.

COMÉDIE.

DAMIS.
Quelle folie ! quoi vous voulez...

LEROUX.
Est-ce que la commune de Bonlieu ne doit pas avoir ses postes occupés comme une autre.

DAMIS.
Oh ! c'est trop juste.

LEROUX.
Vite, allez à la Maison commune, et faites assembler les habitans pour cette nomination.

DELORNE.
Nous ne perdrons pas de tems.

SCÈNE V.
LEROUX, DAMIS.

LEROUX.
Citoyen Damis, je suis bien aise de vous dire un mot en particulier.

DAMIS.
Je vous écoute.

DUO.

LEROUX.
Vous avez l'air prudent et sage.

DAMIS.
Vous avez bien de la bonté.

LEROUX.
On vous aime dans le village,

DAMIS.
Oh, l'on a bien de la bonté.

LEROUX.
Vous êtes humain, charitable.

DAMIS.
C'est trop d'honneur, en vérité.

LEROUX,
Sensible, généreux, affable.

DAMIS.
Oh ! vous outrez la vérité.

LEROUX.
Non, non, je dis la vérité.

Or, en ma qualité de maire,
On m'écoute.
DAMIS.
On ne peut mieux faire.
LEROUX.
J'ai du crédit.
DAMIS.
Bien mérité.
LEROUX.
Je puis en cette circonstance
Vous témoigner ma confiance,
Et mon estime et mon respect.
Dites un mot et je m'engage
A vou faire dans le village
Nommer tout d'une voix suspect.
DAMIS.
Non, non, non, je vous en dispense,
C'est trop d'honneur en vérité,
Et vous ayez trop de bonté.
Comptez sur ma reconnoissance,
Mais portez ailleurs votre voix,
Et vous ferez un meilleur choix.
LEROUX.
Vous avez notre confiance,
Vous êtes cru, quand vous parlez;
Nous savons ce que vous valez,
Vous avez notre confiance,
On ne peut faire un meilleur choix,
Et vous aurez toutes les voix.

DAMIS.

Gardez-vous en bien, je ne suis point jaloux.

LEROUX.

Oh, vous avez beau dire, je courons à l'assemblée, je parlons en votre faveur, et je vous réponds qu'avant ce soir j'enverrons au district le procès-verbal qui constatera que vous êtes suspect, et ça sera qu'ainsi vous serez reconnu par-tout.

DAMIS.

C'est ce que je ne veux point.

LEROUX.

Il faut servir la patrie, occuper des places.

DAMIS.

C'est que celle-là ne me convient pas du tout.

COMÉDIE.

LEROUX.

Mais pourquoi donc refuser d'être de nos supects. Par-tout je parie qu'il n'y a presque que d'honnêtes gens qui l'ont été.

DAMIS.

Ce que vous dites est très-vrai. Mais des affaires me forceront peut-être de quitter votre commune.

LEROUX.

Ah, s'il est ainsi, nous en prendrons un autre. Adieu donc, citoyen Damis. Si vous vous ravisez, venez me trouver, je vous répondons que vous aurez la préférence sur tout le monde.

DAMIS.

Bien obligé.

SCENE VI.
DAMIS seul.

QUEL diable d'homme avec son emploi de suspect! je n'ai pas besoin d'être nommé; si l'un de ces messieurs, ruinant la république à courir les départemens pour les dépeupler et les déchirer, me rencontroit, mis seulement comme je suis, je n'aurois pas besoin de mon procès-verbal, pour entrer tout de suite dans les fonctions de ma charge, et c'est un honneur dont je me passerai volontiers. J'admire la simplicité de ces bonnes gens; mais je tremble, quand je pense que les noms de suspects, de comité révolutionnaire leur sont déjà parvenus. Ils auront bientôt une prison, et alors!... il est donc décidé qu'en fait d'oppression et d'injustice, pas un coin de terre ne pourra garder sa virginité.

SCENE VII.
DAMIS, UN GARÇON DE VILLAGE.
LE PETIT GARÇON.

CITOYEN, v'là une lettre qu'on vient d'apporter pour vous.

(*Il sort.*)

DAMIS.

« *Paris 10 Thermidor.* (Elle est de Franval.) Courage,
» mon ami, nos affaires vont bien, je suis forcé de partir à

» l'instant, je ne t'en peux dire davantage, mais tu recevras
» quelques heures après ma lettre d'excellentes nouvelles. »)
D'excellentes nouvelles, qu'est-il donc arrivé? Le tambour, c'est
pour l'assemblée. Ce paquet est peut-être arrivé. Courons. Ah !
s'il pouvoit m'annoncer la fin de la tyrannie, et le règne des loix
et de la justice. *(Il sort.)*

SCENE VIII.
NICOLAS, *battant la caisse.*

Il faut que j'allions sous la fenêtre de Babet tambouriner
l'assemblée, ce sera une petite gracieuseté dont elle me saura gré.
(Il fait un roulement.)

SCENE IX.
NICOLAS, La mère GILLIN, La mère DELORME,
La mère LEROUX et BABET.
NICOLAS, TOUTES LES FEMMES.
UNE FEMME.

Ma commère, c'est le tambour,
UNE AUTRE.
Et je l'entends bien, ma commère
TOUTES.
Mais par quel extraordinaire
Le tambour bat-il en ce jour?
NICOLAS.
Vous le saurez, il faut vous taire,
Laissez-moi parler à mon tour.
Au nom de la République une,
Des habitans de la commune
On fait la convocation,
Il s'agit d'une élection.
Bons citoyens, on vous engage
A faire des choix circonspects
Pour donner à notre village
Son contingent de suspects.
LES FEMMES.
Qu'entend-on par suspects, il faut nous en instruire;
C'est sans doute un emploi nouveau,
Que cet emploi doit être beau,
Car on ne sait ce qu'il veut dire.

COMÉDIE.

NICOLAS.

Te v'là, ma Babet, t'as reconnu ma caisse.

BABET.

Ne me parle pas, v'là ma mère qui me regarde.

La mère LEROUX.

Qu'est-ce que c'est que ça, des suspects? dis-donc, Nicolas.

La mère GILLIN.

Oui, vous demandez ça à un imbécille qui n'en sait pas plus que vous.

NICOLAS.

C'est vrai, je n'en savons rien; mais je courons à notre rassemblement et je le saurons avant vous. (*Il sort.*)

SCÈNE X.

Les mères DELORME, GILLIN, LEROUX, et BABET.

La mère DELORME.

EH bien, citoyenne Leroux, vous qu'êtes la femme du maire, vous devriez savoir ce que c'est que ce mot de.... comment.....

La mère GILLIN.

Suspect. Vous lui demandez ça, est-ce qu'alle en sait plus que son mari?

La mère LEROUX.

Plaît-il, ma commère Gillin? Vous allez voir que mon mari ira chercher le vôtre pour apprendre quelque chose.

La mère GILLIN.

Ah! s'il ne va pas le chercher, il est quelquefois bien aise de le rencontrer.

La mère LEROUX.

Eh oui, monsieur Gillin est plus savant à lui tout seul que tout le village.

La mère GILLIN.

Il en sait plus que la municipalité et que le conseil, qui viennent à chaque instant le consulter.

La mère LEROUX.

Tu ne vois pas, la mère Delorme, que c'est la jalousie qui la fait parler. Elle se souvient encore que son mari a manqué d'être maire.

LES SUSPECTS,

La mère GILLIN.

Si je ne suis pas la mairesse, c'est qu'il y a eu de la cabale.

La mère LEROUX.

De la cabale, c'est toi qu'es une cabale.

La mère GILLIN.

Un maire qui ne sait pas lire !

La mère LEROUX.

Et ton homme qui ne sait pas écrire.

La mère GILLIN.

Il en sait toujours plus que le tien ; puisque, sans lui, il seroit encore à chercher ce que c'est que suspect.

La mère LEROUX.

Et qu'est-ce que c'est donc que ça, madame la savante ?

BABET.

Dites-leur donc, ma mère.

La mère GILLIN.

C'est un grand emploi qui ne peut être rempli que par des gens notés dans le pays.

La mère LEROUX.

C'est-il plus que maire, ça ?

La mère GILLIN.

Oh c'en doute ! c'est bien pis.

La mère LEROUX.

C'est donc dans le militaire. Les suspects ont peut-être des gens qui les gardent.

La mère GILLIN.

Ça se peut bien, mais je ne vous le dirai pas.

La mère DELORME.

Oh ! si mon mari pouvoit l'être.

BABET.

Si Nicolas pouvoit être nommé.

La mère DELORME.

Que je serois fiare.

BABET.

Que je serois heureuse, mon père ne me le refuseroit plus pour mari.

La mère LEROUX.

Mes commères, allons voir ce qui se passe à la Commune.

COMÉDIE.

La mère DELORME.
Oui, allons, et tâchons que mon mari devienne suspect.

SCÈNE XI.
GILLIN, La mère GILLIN, BABET.
La mère GILLIN, à Babet.

Tiens, v'là ton père qui revient d'un air ben joyeux.

GILLIN.

Ah! ah! madame Gillin, enfin je triomphons.

La mère GILLIN.

Qu'est-ce donc qu'il y a?

GILLIN.

Allez prendre vos beaux habits, et vous aussi, mademoiselle Babet. Je veux régaler la municipalité. Tu prépareras tout pour le festin.

La mère GILLIN.

Mais queu fête donc, mon homme, est-ce que tu chommes? pourquoi donc un festin?

GILLIN.

Ah pourquoi? est-ce qu'il ne faut pas qu'un homme en place paroisse avec éclat?

La mère GILLIN.

Et queu charge as-tu donc?

GILLIN.

Presque rian; je viens d'être nommé suspect, et le premier encore.

La mère GILLIN.

Comment, mon ami, t'es suspect. Ah! mon dieu, que je sommes ben aise. Ah! ah! madame la mairesse.

BABET.

Tandis que mon père est dans son contentement, si je lui parlois de Nicolas. Je n'ose.....

GILLIN.

Pour vous, mademoiselle Babet, je vous défends de parler à votre amoureux, ce n'est qu'un garçon de farme, sans charges, sans emploi, incapable d'en remplir.

BABET.

Mon père, il a été nommé caporal.

GILLIN.
Une belle chose qu'un caporal auprès d'un suspect.
BABET.
Mais ça en approche, mon père, pisque c'est dans le militaire.

SCENE XIV.

LES PRÉCÉDENS; NICOLAS.

NICOLAS, *accourant*.

Babet, Babet, bonnes nouvelles!

GILLIN.

Qu'est-ce que c'est donc?

NICOLAS.

Ah! c'est vous, père Gillin, touchez là.

GILLIN, *se retirant*.

Fi donc?

NICOLAS.

Touchez-là, vous dis-je, je sis le second suspect.

La mère GILLIN.

C'est vrai ça, Nicolas.

NICOLAS.

Ben vrai, et je m'en vante, et nommé tout d'une voix par ostentation.

GILLIN.

En ce cas, mon collègue, je vous fais mon compliment; mais vous n'êtes que le second.

NICOLAS, *à Babet*.

Ah! ma petite Babet que je suis content.

GILLIN.

Je ne suis pas fâché qu'on ait nommé ce butor de Nicolas, ça n'entend rien aux affaires, je le mènerons par le bout du nez.

NICOLAS.

Oh ça, collègue, j'aime votre fille, vous le savez bien, je suis maintenant en charge, il faut me la bailler en mariage.

La mère GILLIN.

Écoute donc, notre homme, Nicolas est bon travailleur, il rendra notre fille heureuse.

GILLIN.

COMÉDIE.

GILLIN.

Nous verrons ça, nous verrons ça ; s'il se distingue dans sa place, et que je sois content de lui, je ferai son affaire : en attendant, je lui permettons de t'adresser ses hommages.

NICOLAS.

Merci, père Gillin. Oh ! comme je vais me comporter dans ma charge pour avoir ma Babet.

GILLIN.

C'est que c'est une fière dignité que celle de suspect.

COUPLETS.

Il faut plus d'une qualité,
Pour cette place d'importance,
Force, courage, fermeté,
Et par-dessus tout vigilance.
Que faut-il te dire de plus !
Cette place est des plus insignes.
Mon cher, à force de vertus,
D'être suspects montrons-nous dignes.

Il n'est pas un petit canton
Qui n'ait force suspects, je gage ;
Voyez sans moi, le beau renom
Qu'alloit avoit notre village.
Je gage encor c'qu'on voudra
Qu'en chaque lieu, celui qu'on nomme
Le premier, à c'poste là,
C'est l'homme instruit, c'est l'honnête homme.

NICOLAS.

Par conséquent, je suis justement l'homme qu'il faut.

GILLIN.

Allons, allons, il suffit. Laisse-moi, il faut que je m'occupe des affaires de la chose publique. J'ai besoin d'être seul un instant, je suis membre du gouvernement, et vous sentez qu'il ne faut pas agir en étourdi, pour bien remplir ma place. Mon collègue, si vous aviez par hasard quelques idées grandes et profondes, vous viendrez me les communiquer.

NICOLAS.

Certainement, citoyen Gillin, je ne ferai rien sans votre ex-communication.

GILLIN.

Ce que c'est que d'avoir un associé dépourvu de tête. Il faut

B

que j'aie de l'esprit pour deux. Tout le fardeau des affaires va tomber sur moi.

La mère GILLIN.

Viens, Nicolas, viens nous aider à préparer notre grand repas.

NICOLAS.

Oh ciel ! pourquoi ça n'est-il pas notre repas de noces.

SCÈNE XIII.

GILLIN seul.

ME v'là donc en place. Mais quelles seront mes occupations ? Ma fine je n'en sais rien ; il faut que ça soit ben important. Il y a sans doute quelques marques distinctives. Peut-être bien une écharpe, ou une plaque, ou bien des épaulettes, comme c'est dans le militaire. Oh ! d'abord, j'irons m'informer à Gros-Pierre au village voisin, et il me dira tout. Ils me feront peut-être voyager, qui sait si je n'irons pas à Paris ; oh ! queu joie ! Ces imbécilles de municipal, qui ne savoient pas ce que ça vouloit dire, si je n'étois pas là pour la redresser, comme tout ça iroit !

SCÈNE XIV.

GILLIN ; COURANTIN, *la pipe à la bouche, des moustaches, un grand sabre, et ivre à demi.*

COURANTIN.

EH bien ! mille canons, est-ce qu'il n'y a personne dans ce maudit trou, c'est comme un désert.

GILLIN.

Ah ! mondieu, qu'est-ce que c'est que cet homme-là ? il me fait peur, c'est un bandit.

COURANTIN.

Je suis jacobin ; je m'appelle Gracchus Courantin ; je suis agent du gouvernement, et toute la commune n'est pas sous les armes pour me recevoir. C'est bon, je m'en vais noter ce village-ci, il est contre-révolutionnaire, et je m'amuserai à le faire raser en repassant.

GILLIN.

Qu'est-ce qu'il dit donc ?

COMÉDIE.

COURANTIN.

Ah! ah! j'apperçois là un grand imbécille qui va m'en dire le nom. Eh! dis donc, comment s'appelle ce vilain trou ici?

GILLIN.

Citoyen, c'est la commune de Bonlieu.

COURANTIN.

De Bonlieu, de Bonlieu, je ne sais pas; mais je vois dans tes yeux que tu est un peu fédéraliste.

GILLIN, *naïvement.*

Point du tout, je suis vigneron.

COURANTIN.

Tu dis donc que ta commune s'appelle Bonlieu. (*Il tire son agenda.*)

GILLIN.

Oui, citoyen.

COURANTIN, *lisant son agenda.*

Allons, je ne suis pas mécontent de moi, à la ville voisine seulement, cinquante personnes arrêtées. Dix-sept femmes, dix cultivateurs riches, trois hommes de lettres et le reste, nobles et prêtres. Trois prisons établies à l'instar de Paris, dans le dernier goût. Des fenêtres artistement arrangées, qui ne donnent de l'air que ce qu'il en faut, pour ne pas étouffer. Oh! c'est charmant, c'est charmant. Quelle sensation délicieuse j'ai causée à tout le pays. Aussi j'ai fait des repas, j'ai bu des vins délicieux, et qui ne me coutoient guère.

GILLIN.

Qu'est-ce qu'il marmote donc là tout seul? Je ne sais, mais à sa mine, je garantirois que c'est un voleur.

COURANTIN.

C'est un bon métier que d'être agent du gouvernement. Je voyage en poste, dans une bonne limonière, j'ai plein mon portefeuille d'assignats, je bois le vin des aristocrates. Ma foi, vive la république!

GILLIN, *vivement.*

Il dit vive la république! Ah! c'est un honnête homme. Parlons li doucement, et s'il fait le redomont, je dirai que je sis suspect, et nous aurons affaire ensemble; citoyen, peut-on savoir qu'est-ce qui vous amène dans notre commune.

COURANTIN.

Ah ! ce qui m'amène dans ton village ; c'est que ma voiture s'est rompue sur la grande route, et tandis qu'on la raccommodoit, j'ai vu de loin quelques chaumières. J'ai demandé qu'est-ce que ça. On m'a dit, oh ! c'est un petit hameau où il n'y a que de bonnes gens. Ah ! oui, des bonnes gens, ai-je répondu, peut-être des conspirateurs ; mais je vas aller voir ça, et les mettres au pas, parce que je suis agent en mission, afin que tu le saches, et j'ai le droit de te faire mettre en prison, et plus encore, si je veux, m'en donner le plaisir.

GILLIN, à part.

Ah ! oui, en prison ; il ne sait pas qu'il parle à un suspect. Ne nous découvrons pas, je me ferai connoître, quand il en sera tems.

COURANTIN.

Ta municipalité est-elle bien composée.

GILLIN.

Des honnêtes gens qui n'ont pas grand génie.

COURANTIN.

Des aristocrates, je gage. J'arrangerai tout ça. Combien y a-t-il de suspects dans la commune ?

GILLIN, se rengorgeant.

Ah ! ah ! v'la qu'il est question de moi ; citoyen, il y en a deux.

COURANTIN.

Deux ; c'est bien peu, deux.

GILLIN.

Le village est si petit.

COURANTIN.

C'est égal, c'est pas assez, il en falloit au moins quatre.

GILLIN.

On en fera d'autres.

COURANTIN.

A la bonne heure, sont-ils riches ?

GILLIN.

Mais il y en a un qu'est ben le plus riche du canton.

COURANTIN.

Tant mieux ; nous les enverrons bientôt en poste, à Paris, dans une bonne voiture.

COMÉDIE.

GILLIN, *à part.*

En poste, à Paris, dans une bonne voiture ; ah ! ma femme, quand tu vas savoir ça.

COURANTIN.

Pour leur sûreté, nous les ferons escorter de quatre gendarmes.

GILLIN.

Une garde d'honneur. (*A part.*) Je me vois déjà dans mon carosse.

COURANTIN.

En arrivant, nous les logerons dans un bon château.

GILLIN.

(*Vivement.*) Dans un château. (*A part.*) Ma femme dans un château, quelle joie !

COURANTIN.

Et là, on les traitera comme ils le méritent.

GILLIN.

Que de remercîmens, monsieur. Oh ! vous avez l'air d'un brave homme. Vous dînerez chez nous, justement, j'avons un grand repas, je vous conterons ça.

COURANTIN.

Un dîner, ça ne se refuse pas. Mais avant, je veux voir cette municipalité. Est-ce qu'elle est invisible donc ?

GILLIN.

Attendez-moi là. Je m'en vais aller chercher le maire et les municipaux. Oh ! quel bonheur ! Comme ils vont enrager. J'irai à Paris, j'irai à Paris. (*Il sort.*)

SCÈNE XV.
COURANTIN *seul.*

EH bien ! qu'est-ce qu'il dit donc ce benêt-là. J'irai à Paris ; eh bien ! bon voyage. Oh ! je vois qu'il n'y a pas grand chose à faire ici. Toutes ces maisons n'annoncent que la misère, je prendrai un dîner, je boirai leur meilleur vin, et s'il se rencontre quelques jolies filles, paf, en réquisition pour l'ami Gracchus. Il faut convenir qu'il est bien doux d'être agent en mission.

C'est un charmant métier ; d'honneur,
On fait bonbance, on fait figure ;
Et puis, on met à la hauteur
Les autorités qu'on épure.

En fait de vin, en fait d'amour,
On peut se passer son caprice;
En mettant à l'ordre du jour,
La tempérance et la justice.

Sur de beaux meubles d'acajou,
Poser les scellés, quel délice !
Recevoir un petit bijou,
Rien que pour promettre service.
Moi, je prends de tous les côtés,
Mais sur-tout, million de pipes.
Respectons les propriétés,
Car il faut avoir des principes.

SCENE XVI.
DAMIS, COURANTIN.

COURANTIN.

Mais qui s'avance dans ces lieux !
DAMIS.
Ciel ! quel objet frappe mes yeux.
COURANTIN.
Une cravatte.
DAMIS.
Une, moustache.
COURANTIN.
Cet air benin.
DAMIS.
Cet air bravache.
COURANTIN.
Du linge blanc, un habit fin;
Oh ! cet homme est un muscadin !
DAMIS.
Un pantalon, un œil coquin.
Oh ! cet homme est un jacobin !
COURANTIN.
Il paroît riche; ah ! quelle aubaine !
Ma course ne sera pas vaine,
Du linge blanc, un habit fin;
Il paiera les frais du chemin.
DAMIS.
C'est moi qu'il cherche; ah ! quelle peine,
Il m'a vu ma perte est certaine.
Pourquoi faut-il en mon chemin
Que je rencontre un jacobin.

(A part.) Et ces maudits papiers n'arrivent point.
COURANTIN.
C'est sans doute là un de leurs suspects; interrogeons-le, et sur-tout faisons-lui grand peur, parce que, s'il a de l'argent, il faudra qu'il compte. Dis donc, citoyen.
DAMIS.
Défendons notre vie, ou au moins prenons garde à nos poches.

COURANTIN.

Je crois que je t'ai vu quelque part.

DAMIS.

En ce cas, tant pis pour moi. Si nous nous sommes recontrés, ce n'est pas ma faute.

COURANTIN.

Oui, je m'en souviens à présent. C'est dans la Picardie que j'ai fait ta connoissance. Tu t'étois rendu à Caen pour défendre les fédéralistes.

DAMIS.

A Caen, dans la Picardie. Aussi ignorans que cruels!

COURANTIN.

Ah! oui, je te reconnois. Tu es un fédéraliste renforcé. Ah! ton affaire est bonne, nous nous expliquerons à Paris.

DAMIS.

Je ne crains rien, ou du moins je ne devrois rien craindre; mais, dans ces tems de crimes et d'horreurs, innocent, vertueux, vrai patriote, ayant dignement servi mon pays, je dois m'attendre à tout. Fédéraliste! Ce mot, que ceux même qui l'ont inventé n'entendent pas, est un prétexte à la tyrannie, et ne sert qu'à fournir des victimes à ses bourreaux. Tu ne m'as point vu à Caen, qui se trouve situé pour toi dans la Picardie, parce que je n'y fus jamais; mais j'ai toujours partagé les sentimens de ces vertueux proscrits. Ils vouloient le bien, ils vouloient des lois, ils vouloient la république; mais la république forte par son gouvernement, forte de ses lois, forte de ses finances, forte de sa justice, et forte enfin de l'amour et de l'union des citoyens. Mais tout cela ne faisoit pas le compte des intrigans et des scélérats ; ils n'ont pu les vaincre par l'arme de la raison et de l'éloquence, ils les ont assassinés, ils se sont emparés des finances, ils les ont prodiguées à leurs sicaires ; ils ont vomi des troupes de brigands qui circulent en poste pour espionner, pour emprisonner, pour assasiner les bons citoyens; enfin, ils ont payé le crime pour égorger la vertu. Je ne vois plus, hélas! dans ma déplorable patrie que deux classes d'individus, des bourreaux et des victimes.

COURANTIN.

Et dans quelle classe monsieur le raisonneur se range-t-il?

DAMIS.

Peux-tu le demander, puisque j'ose encore parler le langage de l'humanité.

COURANTIN.

En sorte que moi qui ne pense pas comme monsieur, je me trouve....

DAMIS.

On devine ta place à ton costume, à ton ivresse, à ton ignorance, à tes sentimens.

COURANTIN.

Oh bien, puisque je suis un bourreau, il faut que je te traite en victime. (*Il va pour tirer son sabre.*)

DAMIS.

Doucement, monsieur l'agent, voici de quoi vous répondre. (*Il tire un pistolet.*)

COURANTIN.

Diable, il est armé, et je suis seul. C'est une plaisanterie que je faisais.... vous entendez bien.

DAMIS.

Oh, je vois bien que vous n'êtes que plaisant, quand vous tirez un sabre. Ce n'est pas par là que vous êtes dangéreux. Je vous redouterois plus pour mon juge que pour mon adversaire, fussiez-vous un Hercule.

COURANTIN.

Un Hercule, c'est une sottise; je ne suis point un Hercule, apprenez cela.

DAMIS.

Non, mais vous êtes un vrai pygmée, au moral, comme au physique.

COURANTIN.

Pygmée au physique, et je suis tout seul; ah! pourquoi suis-je un lâche?

DAMIS.

Mais c'est trop perdre de tems; j'ignore quel sort le traître me réserve, n'importe, je lui ai dit au moins la vérité. (*Il s'éloigne.*)

COURANTIN.

Sans adieu, citoyen, nous nous reverrons.

DAMIS.

Trop tôt pour mon malheur, je le prévois. Mais si maintenant dans nos villes, on est assailli de brigands, je ne dois pas m'étonner d'en rencontrer quelques-uns dans les bois.

COURANTIN.
Sans rancune. J'irai vous rendre visite, si vous voulez le permettre.

DAMIS.
Je ne vous le permets pas; mais si vous venez, pour votre intérêt, je vous conseille de ne pas venir seul. (*A part.*) Allons voir si ces bienheureuses nouvelles que Franval m'annonce sont enfin arrivées. (*Il sort.*)

COURANTIN.
Sois tranquille, j'irai en bonne compagnie.

SCENE XVII.
COURANTIN, GILLIN.

COURANTIN, *se croyant seul.*
AH! monsieur le suspect, nous vous connoissons, nous savons ce que vous valez.

GILLIN, *écoutant.*
Il me connoît, il sait ce que je vaux.

COURANTIN.
Vous avez de l'esprit, vous raisonnez profondément.

GILLIN.
Oh! ça, c'est vrai, il s'y connoît.

COURANTIN.
Vous avez du courage.

GILLIN.
Du courage, je crois qu'oui.

COURANTIN.
Peste, vous vous présentez bien, avec grace.

GILLIN.
On m'a toujours dit que j'avois bonne mine.

COURANTIN.
Eh bien, nous ferons honneur à votre mérite, j'irai vous rendre ma visite, en bonne compagnie, avec tous les honneurs de la guerre.

GILLIN.
Ah! citoyen, que de bontés! Je l'ai bien dit tout de suite la première fois que je vous ons vu, là, tantôt; en arrivant, j'ons dit à part, moi, v'là une bonne physionomie, une physionomie d'honnête homme.

LES SUSPECTS,

COURANTIN.

Eh bien, je sais bien que je suis beau garçon, et que j'ai la figure douce comme un mouton. Mais qu'est-ce que ça me fait ça, et que veux-tu, avec ton galimatias ? Eh bien, mille tonneres, est-ce que je ne verrai pas cette municipalité donc ?

GILLIN.

J'ai été chercher le maire et les municipaux, il sont aux champs, ils vont arriver tout-à-l'heure. En passant, j'ai dit à ma femme que l'on enverroit les suspects à Paris, elle est d'une joie.....

COURANTIN.

Ces diables de municipaux, je veux leur parler dans l'instant, ou morbleu je fais mettre le feu aux quatre coins du village.

GILLIN.

Il est plus puissant que moi, je ne pourrois pas l'empêcher. Ne vous impatientez pas. Je cours les chercher, et je vous réponds que je vous les amènerai morts ou vifs. (*Il sort.*)

SCÈNE XVIII.

COURANTIN.

Aussi-tôt que la municipalité sera présente, faisons arrêter ce petit monsieur. Il s'avise de raisonner, et si on les laissoit faire on ne pourroit plus bientôt... Non, non, des prisons, des prisons.

SCÈNE XIX.

COURANTIN, BABET, La mère GILLIN.

La mère GILLIN.

Le v'là sans doute stilà, dont nous a parlé notre homme.

BABET.

Ah! maman, qu'il est laid.

La mère GILLIN.

Tais-toi donc, petite fille, est-ce que, quand on a une belle place, on n'est pas toujours beau. Abordons le citoyen.

COURANTIN, *sans regarder.*

Qu'est-ce que c'est ?

BABET, *à la mère Gillin.*

Ah! maman, quelle voix!

COMÉDIE.

La mère GILLIN.

Tais-toi donc. Citoyen, nous venons vous demander une grace.

COURANTIN.

Ça ne se peut pas. Sans doute, pour faire sortir quelqu'un de prison; morbleu, il n'y auroit qu'à écouter toutes ces femelles, il n'y auroit jamais de coupable : *C'est mon époux, un honnête homme, je vous en réponds ; j'ai trois enfans, lui seul nous nourrit ; c'est un bon citoyen.* Une autre : *C'est mon père, c'est un vieillard infirme, je ne demande qu'à le suivre.* Oh! si je n'étois en garde contre toutes ces pleurs chéries, je ferois de belles affaires. Vous aurez beau pleurer, vous ne m'attendrirez pas, j'ai le cœur plus dur que du fer. Si c'est pour suivre vos maris en prison, à la bonne heure; je fais entrer tant qu'on veut, mais je ne fais jamais sortir.

La mère GILLIN.

Mais, citoyen, il ne s'agit pas de cela; je viens vous demander la permission d'accompagner les suspects, quand ils partiront pour Paris, et d'y mener ma fille.

COURANTIN.

Est-ce que votre mari est suspect?

La mère GILLIN, *gaiment*.

Oui, citoyen.

BABET, *gaiment*.

Et mon amoureux l'est aussi.

COURANTIN.

Diable! vous dites ça bien gaiment.

La mère GILLIN.

C'est qu'on dit qu'il y a bien de l'honneur à être suspect.

COURANTIN.

Que diable dit-elle donc ? mais j'apperçois sans doute le troupeau d'imbéciles qui composent cette commune. Prenons notre dignité.

SCÈNE XX.

LEROUX, DELORME, LAVIGNE, GILLIN, NICOLAS, COURANTIN, BABET, La mère GILLIN.

LEROUX.

C'est le citoyen qui desire parler à la municipalité?

COURANTIN. (*Il lui présente un papier.*)
Oui, c'est moi-même. Voilà ma mission : lis, si tu sais lire.
LEROUX.
Oh! cela est bien bon. V'là les cachets, et puis la grande image; pardonnez, citoyen, si j'avions connu votre dignité, j'aurions été au-devant de vous, et je vous aurions reçu avec tous les honneurs.
COURANTIN.
Écoute-donc, monsieur le maire, tu parois avoir beaucoup d'aristocrates dans ce pays-ci, et tu n'as que deux suspects. J'espère au moins que ce petit monsieur que j'ai rencontré là tantôt, et qui fait le fanfaron est du nombre.
GILLIN.
Ah! vous voulez dire le citoyen Damis; non, il n'est pas suspect : ce n'est pas le cas, faut lui rendre justice, oh! il le mérite bien.
LEROUX.
Si vous voulez, nous allons le nommer. Père Lavigne, veux-tu que le citoyen Damis soit suspect.
LAVIGNE.
Parguenne, si je le veux, c'est un brave homme.
DELORME.
Et moi, itout, il ne m'a fait que du bien.
LEROUX.
Allons, c'est dit, le v'là nommé.
GILLIN.
Oui; mais il ne sera que le troisième.
NICOLAS.
Oh oui, le beau-père et moi sommes avant lui.
COURANTIN.
Qu'est-ce que tu dis donc? T'es suspect : un pauvre diable comme toi?
La mère GILLIN.
Oui, citoyen, je soutenons qu'il a été nommé suspect tout d'une voix.
BABET.
Et qu'il l'avons bien mérité encore; il est si bon enfant.
COURANTIN.
Ces dames ont toujours envie d'aller à Paris. Eh bien, avec vos suspects, avez-vous une prison au moins?

COMÉDIE.

LEROUX.
Non, citoyen; j'ignorions qu'il en fallût une.

COURANTIN.
Mille bombes, vous n'avez pas de prison, vous êtes tous des conspirateurs.

LEROUX.
Mais, citoyen, ne vous emportez pas, nous allons en faire une. Où la ferons-nous? le pigeonnier est en bas, nos maisons ne sont pas assez solides.

GILLIN.
Oh! je m'en vas vous tirer d'embarras; pisque, quand on a des suspects, il faut une prison, prenez ma maison.

NICOLAS.
Oh oui, ça sera une fière prison, j'ajouterons seulement quelques clous aux portes.

COURANTIN.
Il est bien complaisant. Allons, puisque la prison existe, au nom de la loi, citoyen maire, je te somme de faire mettre les trois suspects en prison, et de les nourrir au pain et à l'eau, jusqu'à l'instant de leur départ pour Paris.

GILLIN.
Pourquoi donc nous mettre dedans; on ne nous a pas dit ça, c'est que je n'entends pas raillerie.

LEROUX.
Père Gillin, il faut obéir à la loi. Nicolas, va chercher la force armée pour qu'on exécute l'ordre du citoyen.

NICOLAS.
Ah parguenne oui, la force armée; j'irai chercher des verges pour me battre. Pas si bête!

LEROUX.
En ce cas, Delorme....

DELORME.
J'y vais. (*Il sort.*)

La mère GILLIN.
Mais, mon petit mari, si c'est pour remplir le devoir de ta charge, il faut te laisser faire. C'est peut-être une cérémonie

GILLIN.
Va te promener avec ta cérémonie.

LES SUSPECTS,

BABET.

Toi, tu sera raisonnable, tu te laisseras mettre en prison, par amour pour moi. N'est-ce pas, Nicolas?

NICOLAS.

Non, morgué, n'y a amour qui tienne; moi, je ne veux pas siffler la linotte. (*Il arrive quelques paysans avec des fusils.*)

COURANTIN.

Ah voilà bien des façons, v'là la garde. Exécutez la loi, citoyen.

MORCEAU D'ENSEMBLE.

LEROUX.
De par la loi que l'on arrête
Le gros Gillin et Nicolas.
NICOLAS.
Viens, je te cassons la tête.
GILLIN.
Et moi, je te casse les bras.
NICOLAS.
Je me démets de ma charge.
LEROUX.
Mais t'es sur le procès-verbal.
NICOLAS.
Eh bien, écrivez sur la marge
Que je veux rester caporal.
COURANTIN.
Ah! pas tant de cérémonie,
Allons, qu'on les mène en prison.
GILLIN.
Je donne ma démission.

SCENE XXI.

LES PRÉCÉDENS; DAMIS.

DAMIS.

Quel bruit, quel bruit, que signifie...
NICOLAS.
On veut nous conduire en prison.
GILLIN.
Et l'on a choisi ma maison.
COURANTIN.
Allons, point de cérémonie,
Qu'on les mène tous en prison,
N'oubliez pas ce beau garçon.
DAMIS.
Oh! si quelqu'un marche en prison,
Ce n'est pas moi, je le parie.

Ah! monsieur l'agent fait des siennes. Quel droit avez-vous ici?

LEROUX.

Jugeagez-le, c'est un puissant, voyez ses papiers.

COMÉDIE.

DAMIS, *lisant.*

Robespierre, Couthon, Saint-Juste. Y a-t-il long-tems que vous n'avez reçu des nouvelles de Paris?

COURANTIN.

Qu'est-ce que ça vous fait?

DAMIS.

C'est que tous vos patrons signataires de vos pouvoirs ne se portent pas trop bien.

COURANTIN.

Que voulez-vous dire?

DAMIS.

A vous; rien. Mes amis, apprenez une nouvelle que je viens de recevoir, qui me comble de joie.

LEROUX.

Quoi donc?

DAMIS.

Les monstres qui avoient couvert de deuil la France entière, n'existent plus. Ils ont reçu le prix de leurs crimes.

COURANTIN.

Que dit-il donc? diable, ça me dégrise un peu. Quoi l'incorruptible.....

DAMIS.

L'incorruptible et ses dignes ministres sont morts sur l'échafaud qu'ils avoient élevé pour la nature entière.

COURANTIN.

Ahi! ahi! que vais-je devenir?

DAMIS.

On s'occupe maintenant de rechercher ses complices.

COURANTIN.

Diable, il ne fait pas bon ici pour moi; sans adieu, citoyens; je reviendrai vous voir. (*Il se sauve.*)

DAMIS.

Adieu, infâme vagabond.

LEROUX.

Eh bien! regardez comme il s'enfuit, je n'entends rien à cela.

DAMIS.

Non, graces à votre éloignement, à votre ignorance. Vous étiez heureux quand la France entière gémissoit sous l'esclavage.

GILLIN.

Mais nos emplois de suspects, que deviennent-ils?

LES SUSPECTS, COMÉDIE.

DANIS.

J'espère bien qu'ils vont être supprimés dans toute la France. Oui, mes amis, le corps Législatif va s'occuper de donner à la France une constitution républicaine ; alors l'honnête homme vivra tranquille à l'abri des lois ; mais malheureusement, il faudra bien du tems pour cicatriser les plaies faites par les scélérats qui viennent d'expier leurs crimes sur l'échafaud ; aidons-nous tous, sur-tout ayons confiance dans le gouvernement et la république est sauvée.

NICOLAS.

Ainsi, en perdant ma charge, je perds ma maîtresse.

DANIS.

Non. Gillin est bon père, il ne voudra pas faire le malheur de sa fille.

GILLIN.

Puisque nous devenons égaux, épouse Babet et sois content.

VAUDEVILLE.

NICOLAS.

Moi dans une chaise de poste,
Qui pour Paris comptois partir,
C'est en prison qu'étoit mon poste,
Ma foi je n'en puis revenir.
Sur ce qu'on a peine à comprendre ;
Il faut être plus circonspect,
Je cède à qui voudra le prendre, (bis.)
Mon privilège de suspect. (bis.)

DANIS.

L'un étoit suspect pour se taire,
L'autre l'étoit pour babiller,
L'un est suspect pour ne rien faire,
L'autre est suspect pour travailler,
Tel est suspect car il se mire
Tel, car il porte un habit sec ;
Mon voisin est suspect pour rire, (bis.)
Moi pour pleurer je suis suspect. (bis.)

GILLIN.

J'entends ce que vous voulez dire
Par les frippons, par les brigands,
Ce mot fut inventé pour nuire,
C'étoit une arme à deux tranchans ;
Levons-nous tous contre le vice,
A la vertu, gloire et respect,
Sous le règne de la justice, (bis.)
Que le méchant soit seul suspect (bis.)

FIN.

Contraste insuffisant
NF Z 43-120-14

www.ingramcontent.com/pod-product-compliance
Lightning Source LLC
Chambersburg PA
CBHW060720050426
42451CB00010B/1541